Género Ficción realista

Pregunta esencial

¿Cómo los poetas miran al éxito de diferentes formas?

Inténtalo, inténtalo de nuevo

Paul Mason

ilustrado por Juan Caminador

Capítulo 1

La bicicleta nueva

Ha pasado una semana desde el cumpleaños de Jorge. Él aún no ha montado en su bicicleta nueva. Luis, su hermano mayor, la descubrió escondida en una esquina del garaje. Aún tenía el lazo pendiendo del manubrio.

Luis encontró a Jorge acostado en su cama. Estaba rodeado de una pila de historietas.

—Hola, ¿qué pasa? —dijo Jorge.

—Tu bicicleta. Acabo de darme cuenta de que aún no la has estrenado —respondió Luis, sentándose en la cama.

Jorge suspiró:

—¿Qué sentido tiene sacarla si no sé cómo montar?

—El sentido es que *aprendas* —rio Luis—. ¿Has escuchado antes esa palabra?

—Ja, ja, muy chistoso —dijo Jorge, dándole un empujón amistoso.

—En serio. Me encantaría enseñarte. Lo podemos hacer juntos ya que mamá y papá están tan ocupados.

Jorge reflexionó por unos momentos. Frunció el ceño.

—Sí, me he sentido mal por no poder montar en mi bicicleta —admitió—. Bueno, ¿cuándo comenzamos?

—¿Qué tal ahora mismo? Vamos a sacar la bicicleta del garaje —dijo Luis.

Luis le quitó el papel de regalo. Llevó la bicicleta al largo camino de la entrada.

Mientras Jorge se ponía el casco, Luis inspeccionó el jardín. Era en su mayoría plano. Había suficiente espacio para que Jorge aprendiera, siempre y cuando se mantuviera alejado de las flores.

AHORA COMPRUEBA

¿Por qué Jorge no había montado en su bicicleta nueva?

Capítulo 2

Esta lección se terminó

Luis sostuvo la bicicleta con firmeza mientras Jorge se sentaba en el sillín, con sus pies casi llegando al suelo.

—Bueno, esto es lo que quiero que hagas —dijo Luis, con autoridad—. Primero, te voy a impulsar. Tú agárrate bien y trata de mantener el equilibrio. Después, comienza a pedalear.

Jorge levantó las cejas.

—¿Impulsarme? ¿Estás seguro?

—Confía en mí, todo va a salir bien —dijo Luis—. ¿Estás listo?

Jorge tensó los hombros.

—Eso creo —dijo, agarrando el manubrio.

Luis puso las manos sobre los hombros de Jorge y comenzó a impulsarlo. Las ruedas de la bicicleta bailaban como un trompo y Jorge ganaba velocidad. Con un gruñido, Luis le dio a su hermano el último empujón y lo envió a toda carrera por el camino.

Los brazos de Jorge temblaban, el manubrio temblaba, la bicicleta temblaba y él empezó a perder el control. ¡Pum! Jorge se cayó de la bicicleta y se quedó tendido sobre el césped. Luis corrió tras él.

Jorge se levantó. Se frotó el codo y se limpió la tierra de las rodillas.

—¿Ese era tu gran plan para enseñarme a montar? —preguntó enfadado.

Luis se sentía culpable.

—Disculpa. No pensaba que pasaría eso.

—No, no pensabas —refunfuñó Jorge—. ¡Esta lección se terminó!

Luis levantó la bicicleta.

—Mira, ahora me doy cuenta de que no fue buena idea empujarte así —admitió—, pero no te rindas. Aún podemos intentarlo de nuevo. Esta vez lo haremos paso a paso.

Jorge lo miraba enfurecido.

—Tal vez mañana —dijo sin entusiasmo.

AHORA COMPRUEBA

¿Por qué Jorge miró enfurecido a su hermano?

Capítulo 3

Jorge aprende a montar en bicicleta

Ese día, después de las clases, Luis y Jorge sacaron otra vez la bicicleta. Esta vez, Luis permaneció junto a Jorge, caminando detrás de él, listo a agarrarlo si se caía.

Le enseñó cómo mantener el equilibrio, cómo usar los frenos y cómo bajar los pies al detenerse.

Durante el resto de esa semana practicaron todos los días. Poco a poco, la confianza de Jorge crecía a medida que aprendía a pedalear y conducir la bicicleta al mismo tiempo. No era fácil, pero estaban progresando.

Detective del lenguaje	**Busca en esta página una oración que incluya un verbo copulativo.**

—Quiero montar sin ayuda —dijo Jorge un día—. Quiero intentarlo de nuevo, pero esta vez sin empujones.

—Claro, si crees que estás listo, inténtalo de nuevo —dijo Luis.

Luis se quedó atrás y miró cómo arrancaba Jorge. Estaba tembloroso al comienzo, pero iba ganando velocidad. Jorge pedaleó por el camino, y aunque se tambaleó un poco, llegó al final.

—¡Voy a girar! —le gritó a su hermano.

Sin embargo, cuando intentó dar el giro, perdió el equilibrio y cayó sobre un montón de césped. Luis corrió hacia él.

—¿Estás bien? —preguntó.

Detective del lenguaje	La oración subrayada termina con punto seguido. Busca otra oración en esta página, que termine con punto seguido.

Jorge le respondió con una señal de aprobación.

—Estoy bien. ¿Viste? ¡Monté solo! —se paró y se sacudió.

Luis sonrió radiante. Estaba realmente orgulloso de su hermano.

A pesar de las caídas, Jorge no se había rendido, sino que lo había intentado hasta lograr su meta de montar solo en bicicleta.

—Pienso que ya estás listo para mostrarles a mamá y a papá —dijo Luis.

AHORA COMPRUEBA

¿Por qué Jorge estaba satisfecho consigo mismo?

Capítulo 4

Triunfo

Jorge siguió practicando mientras Luis ponía dos sillas en el jardín e iba a llamar a sus padres. Jorge estaba escondido en el garaje, con el casco puesto, listo para montar. ¡No podía esperar!

—¿Qué pasa? —preguntó su mamá con una mirada suspicaz— ¿Cuál es la gran sorpresa?

—Ya verás —dijo Luis guiñando el ojo.

—El día que me ayudes a cortar el césped sin que te lo pida, esa sería una sorpresa —bromeó su papá.

—Esto les va a gustar aún más —prometió Luis.

De cara a la casa, Luis levantó la mano y la dejó caer. Esa era la señal para que Jorge comenzara a pedalear. Mamá y papá se voltearon para ver a Jorge que, tambaleante, salía del garaje. Recorrió el camino, con el rostro paralizado por la concentración, al tiempo que sus piernas pedaleaban rápidamente y sus manos estaban pegadas al manubrio.

—¡Muy bien, Jorge! —gritó su mamá, mientras ella y su papá sonreían el uno al otro.

Jorge llegó al final del camino, giró y regresó. Incluso, se las ingenió para saludar con la mano.

Jorge dio otra vuelta alrededor del camino, frenó y se detuvo.

—¡Ta-taaa! —dijo con una carcajada y levantando sus brazos con actitud triunfal.

Su mamá y su papá aplaudieron haciendo un jolgorio.

—Bueno, *esa* fue una grata sorpresa. Ahora podemos ir todos a pasear en bicicleta —dijo su papá—. ¿Cuándo aprendiste a montar, Jorge?

—Luis me enseñó —sonrió lleno de gloria.

—Jorge practicó bastante —comentó Luis—. Aunque al comienzo fue difícil y se cayó varias veces.

—Felicitaciones, Jorge —dijo su mamá—. Como siempre digo, si no lo logras al comienzo...

—...inténtalo, inténtalo de nuevo —terminó Jorge.

AHORA COMPRUEBA

¿Qué hizo Jorge para demostrar que ya había aprendido a montar en bicicleta?

Respuesta a la lectura

Resumir

Usa los detalles importantes de *Inténtalo, inténtalo de nuevo* para resumir el cuento. Puedes usar el organizador gráfico como ayuda.

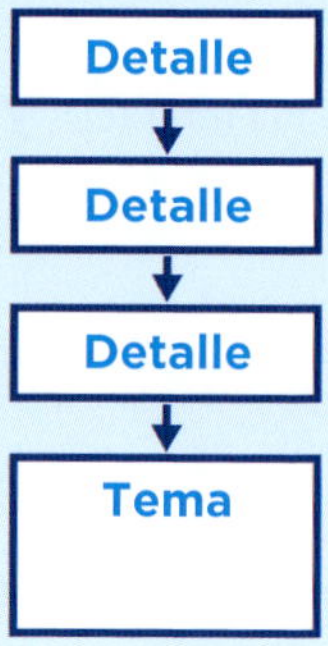

Evidencia en el texto

1. ¿Qué características del cuento te ayudan a identificarlo como ficción realista? **GÉNERO**

2. ¿Cuál es el tema de la historia? ¿Cómo el logro de Jorge te ayuda a determinar el tema? **TEMA**

3. En la página 5, Jorge está "agarrando el manubrio". ¿Cómo demuestra esto lo que Jorge está sintiendo? **CONNOTACIÓN Y DENOTACIÓN**

4. Escribe cómo Jorge logró aprender a montar en bicicleta. Usa detalles del cuento en tu respuesta. **ESCRIBIR SOBRE LA LECTURA**

Género Poesía

Compara los textos

Lee acerca de lo que le sucede a una rata que camina por un prado.

Un paseo por el prado

Alexis Romay (escritor cubano)

Una rata presumida
le dijo a una margarita
en una tarde bonita
en que andaba bien vestida
con su falda colorida
y una blusa con encaje
que complementaba el traje
que le habían regalado:
"Voy a visitar el prado.
¿Me acompañas en mi viaje?".

Pero la flor, que tenía
sus raíces en el suelo,
respondió con desconsuelo
que no iba pues no podía,
pero la acompañaría
tal vez con el pensamiento.
Así empezó su andar lento
la ratona por el prado,
y la flor siguió a su lado,
su aroma esparcido al viento.

Illustration: Elizabeth Gomez

Por el camino, ¡qué cosa!,
dos sapitos y una rana
en medio de la sabana,
en aquella noche hermosa,
cantaban una preciosa
canción sobre las estrellas.
La rata cantó con ellos:
hizo la segunda voz,
y luego les dijo adiós
y volvió a estampar sus huellas.

Illustration: Elizabeth Gomez

Al fin de su caminata
por el prado y la floresta,
celebraron una fiesta
al calor de la fogata
los amigos de la rata.
Así concluye este cuento,
heredero del invento,
pariente del disparate.
¿Me perdonan el dislate
de esta rima y su argumento?

Elizabeth Gomez

Haz conexiones

¿Qué logra hacer al final de su caminata la rata de este poema? **PREGUNTA ESENCIAL**

¿Cómo se relacionan *Inténtalo, inténtalo de nuevo* y "Un paseo por el prado"? **EL TEXTO Y OTROS TEXTOS**

Enfoque: Elementos literarios

Imaginería La imaginería es un lenguaje descriptivo que nos ayuda a formar imágenes en la mente. Los poetas se valen de la imaginería para describir cómo se ven, suenan, huelen, se sienten o saben algunas cosas. Nosotros utilizamos esas imágenes para comprender mejor un relato.

Lee y descubre En el poema "Un paseo por el prado" se describe lo que la rata ve, huele, oye y siente: "falda colorida" (pág. 17), "aroma esparcido al viento" (pág. 18), "preciosa canción" (pág. 19) y "calor de la fogata" (pág. 20).

Tu turno

Trabaja en grupo para crear una versión del poema en multimedia. Lean el poema en voz alta tantas veces como sea necesario, hasta que sientan la musicalidad y el ritmo. Después creen una secuencia de sonidos o una serie de dibujos para acompañar la grabación.